NATIONAL GEOGRAPHIC

La electricidad

Rebecca L. Johnson

PICTURE CREDITS
Cover (front); Craig Aurness/Corbis; 1; Stephen St. John/National Geographic Image Collection; 2-3, 10, 30 (bottom left); Robert Harding World Imagery/Getty Images; 4-5; Chuck Savage/Corbis; 5 (top right), 36; Spencer Grant/PhotoEdit, Inc.; 5 (bottom right); Dana White/PhotoEdit, Inc.; 6-7, 34 (top and bottom), 35 (second from bottom); Michael Dunning/Photo Researchers, Inc.; 8, 25 (top left), 35 (bottom); Kent Wood/Photo Researchers, Inc.; 9, 25 (bottom left), 34 (second from bottom); Steve Terrill/Corbis; 11 (top left and top right); Photodisc Blue/Getty Images; 11 (middle left); Bernard Annebicque/Corbis Sygma; 11 (middle right); TEK Image/Photo Researchers, Inc.; 11 (bottom left); Stockdisc Classic/Getty Images; 11 (bottom right); Reuters/Corbis; 14 (top), 31 (bottom left), 34 (middle); David Wrobel/Visuals Unlimited; 14 (middle); Charles O'Rear/Corbis; 14 (bottom), 15 (middle and bottom), 35 (top); Photodisc Green/Getty Images; 15 (top), 22 (top left), 25 (bottom right), 26 (bottom), 35 (second from top); Royalty-Free/Corbis; 16-17; Lester Lefkowitz/Corbis; 18 (bottom left), 31 (bottom right); Bettmann/Corbis; 18-19; Mark L. Stephenson/Corbis; 19 (top right); Bob Krist/Corbis; 20 (bottom left), 35 (middle); Jeffrey Greenberg/Visuals Unlimited; 20-21; Stone/Getty Images; 21 (top right); The Image Bank/Getty Images; 22 (bottom left); Robin Nelson/ PhotoEdit, Inc.; 22-23; Peter Morgan/Reuters/Corbis; 23 (top right), 31 (middle left); Alan Schein Photography/Corbis; 25 (top right); Charles D. Winters/Photo Researchers, Inc.; 26 (top); Robert Giroux/Getty Images; 27 (top), 30 (bottom right); Ed Young/ Corbis; 27 (bottom); David Young-Wolff/PhotoEdit, Inc.; 28; George Grall/ National Geographic Image Collection; 29; Mark Moritsch/National Geographic Image Collection; 30 (top left); Michael Boys/Corbis; 30 (top right); Firefly Productions/Corbis; 31 (top right); Don Mason/Corbis; 31 (middle right); Sohber/Corbis.

Produced through the worldwide resources of the National Geographic Society, John M. Fahey, Jr., President and Chief Executive Officer; Gilbert M. Grosvenor, Chairman of the Board.

SPANISH LANGUAGE VERSION PREPARED BY NATIONAL GEOGRAPHIC SCHOOL PUBLISHING GROUP
Sheron Long, CEO; Sam Gesumaria, President; Fran Downey, Vice President and Publisher; Margaret Sidlosky, Director of Design and Illustrations; Paul Osborn, Senior Editor; Sean Philpotts, Project Manager.

MANUFACTURING AND QUALITY CONTROL
Christopher A. Liedel, Chief Financial Officer; Phillip L. Schlosser, Vice President; Clifton M. Brown III, Director.

CONSULTANT AND REVIEWER
Jordan D. Marché II, Ph.D., University of Wisconsin–Madison

SPANISH LANGUAGE TRANSLATION
Tatiana Acosta/Guillermo Gutiérrez
Claudia Bautista-Nicholas (pages 30–31)

SPANISH LANGUAGE BOOK DEVELOPMENT
Navta Associates, Inc.

Esta atracción del parque de diversiones funciona con electricidad.

Contenido

BOOK DESIGN/PHOTO RESEARCH
3R1 Group, Inc.

ISBN: 978-0-7362-4895-2

Printed in the U.S.A.

15 14 13 12 11 10
10 9 8 7 6 5 4 3 2

Los seres humanos

Usamos electricidad todos los días. La electricidad es una forma de energía que hace funcionar muchas cosas. Las lámparas que nos dan luz funcionan con electricidad. También funcionan con electricidad otros aparatos, como cocinas o televisores. Usamos electricidad en casa, en la escuela y en los lugares de trabajo. Nuestra vida sería muy diferente sin electricidad.

Miren las fotos.

- ¿Qué hacen las personas en cada foto?
- ¿Cómo cambiaría su vida si no hubiera electricidad?

▲ **La cocina y el horno microondas de esta cocina funcionan con electricidad.**

y la electricidad

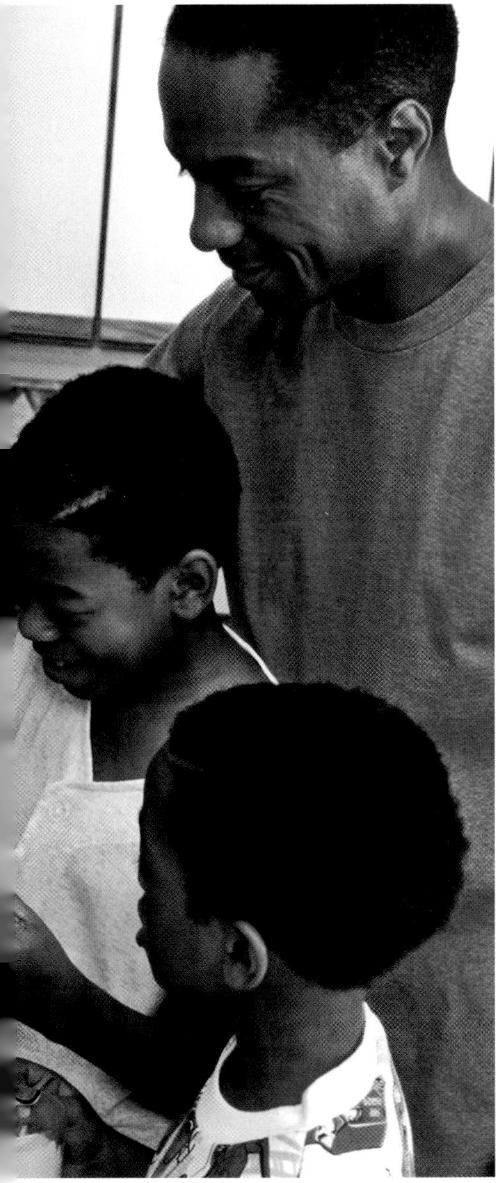

▲ Esta lámpara funciona con electricidad.

▲ Esta herramienta funciona con electricidad.

1 Entender la **Idea central**

¿Qué es la

Idea central
Usamos la electricidad para hacer funcionar muchas cosas.

Establecer el propósito
Conocer qué es la electricidad y cómo se utiliza.

Preguntas para explorar

¿Qué es la electricidad?

¿De qué forma la electricidad hace funcionar las cosas?

electricidad?

Usamos electricidad todos los días. Pero, ¿qué es la electricidad? La electricidad es el movimiento de **electrones.** Los electrones se encuentran en los **átomos.** Los átomos son partículas diminutas que forman todas las cosas de la Tierra.

En el centro de cada átomo hay un **núcleo.** Los electrones se mueven alrededor del núcleo. También se pueden mover de un átomo a otro. La electricidad es el movimiento de estos minúsculos electrones.

electrón – parte de un átomo que se mueve alrededor del núcleo

átomo – partícula diminuta formada por un núcleo y electrones

núcleo – centro de un átomo

◀ **Un átomo tiene un núcleo y unos electrones en movimiento.**

Electricidad estática

Hay dos tipos de electricidad. La **electricidad estática** es uno de ellos. En este tipo de electricidad, los electrones saltan de un lugar a otro. Cuando los electrones saltan, producen una chispa de electricidad estática.

Los rayos son un ejemplo de electricidad estática. Los electrones pueden saltar de las nubes de tormenta al suelo. Cuando saltan, se produce una gran chispa que es el rayo.

electricidad estática – forma de electricidad en la que los electrones saltan de un lugar a otro

▼ **Este rayo es electricidad estática que salta de las nubes de tormenta al suelo.**

Corriente eléctrica

El otro tipo de electricidad se llama **corriente eléctrica**. La corriente eléctrica es un flujo continuo de electrones. Los electrones se mueven de un átomo a otro.

La corriente eléctrica es la forma más útil de electricidad. Este tipo de electricidad se puede hacer pasar a través de cables, dentro de los cuales los electrones se mueven de un átomo a otro. Los cables se usan para llevar la electricidad a donde se necesita.

corriente eléctrica – flujo continuo de electrones que se mueven de un átomo a otro

▼ **La corriente eléctrica llega hasta sus hogares a través de cables.**

Electricidad de una central eléctrica

¿De dónde sale la corriente eléctrica? La electricidad que llega hasta sus hogares procede de una central eléctrica. Una central eléctrica genera electricidad.

Una central eléctrica usa energía para generar electricidad. La central de la foto quema un combustible llamado carbón. La energía que libera el carbón se usa para hacer funcionar las máquinas de la central eléctrica. Estas máquinas producen electricidad.

▼ **Una central eléctrica produce electricidad que viaja a través de cables.**

Electricidad de baterías y pilas

La corriente eléctrica también puede proceder de baterías. Las baterías son dispositivos que contienen metales y otras sustancias químicas. Estos materiales pueden generar corriente eléctrica. Algunas baterías, como las pilas, son pequeñas y pueden hacer funcionar cosas como relojes o linternas. Otras baterías son grandes y se emplean para el funcionamiento de cosas grandes, como autos.

Distintos tipos de baterías

Una pila muy pequeña hace funcionar este reloj.

Pilas pequeñas hacen funcionar esta linterna.

En un auto se usa una batería grande.

Un circuito en acción

La corriente eléctrica fluye en un círculo. Este círculo de electricidad recibe el nombre de **circuito.**

La ilustración de abajo muestra un circuito eléctrico. La pila proporciona la corriente eléctrica. La electricidad sale de la pila, pasa por el cable rojo y llega a la bombilla. Al pasar por la bombilla, la electricidad hace que ésta se encienda. La electricidad pasa entonces por el cable azul de vuelta a la pila y eso cierra el circuito.

circuito – camino circular por el que fluye la electricidad

▼ **La electricidad se mueve por el cable en un círculo.**

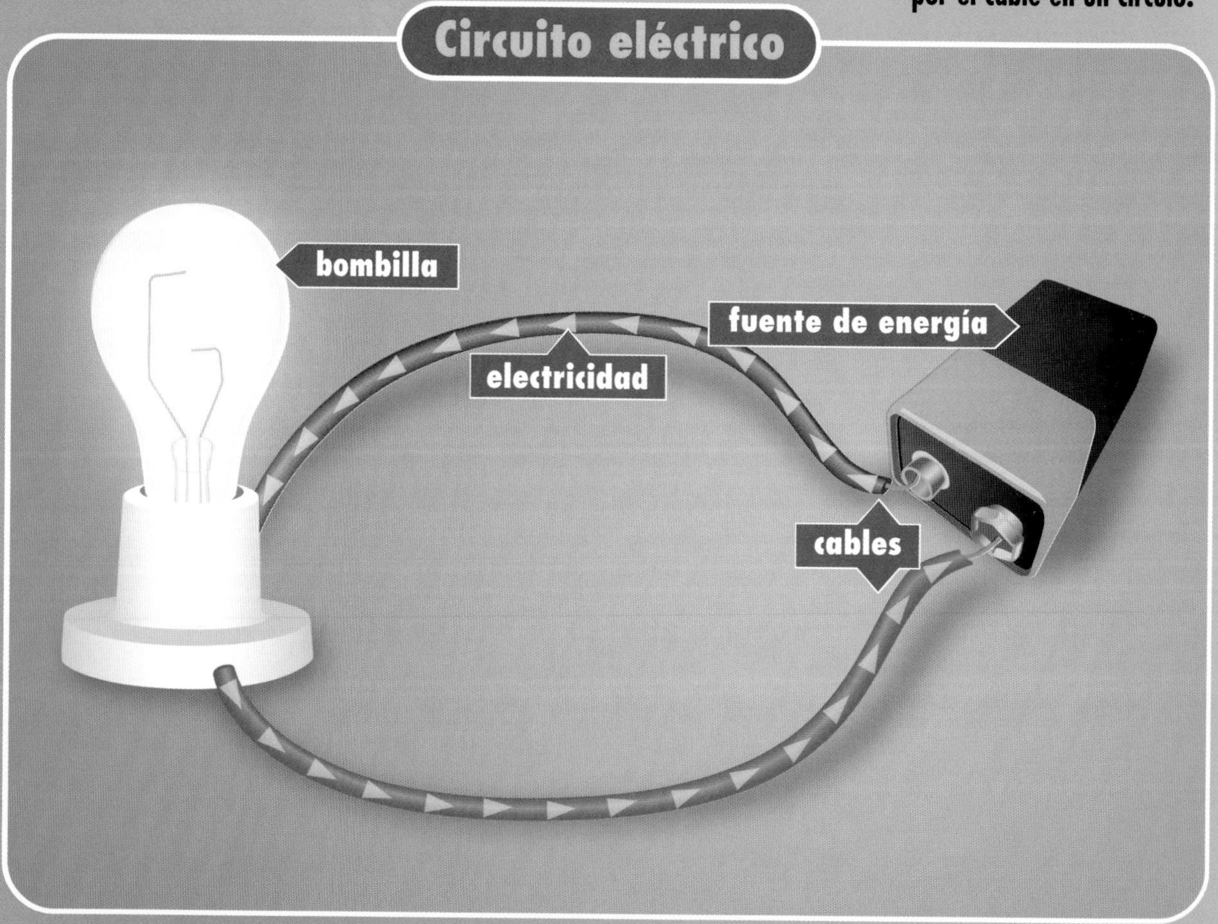

Interrumpir el circuito

Si se quita uno de los cables, el circuito se interrumpe. Interrumpir el circuito detiene el flujo de electricidad.

La ilustración de abajo muestra un circuito interrumpido. La electricidad no puede pasar por el cable rojo hasta la bombilla. En consecuencia, la bombilla no se iluminará. Aquí la electricidad no fluye en un círculo.

▼ La electricidad no fluye por el cable en un círculo.

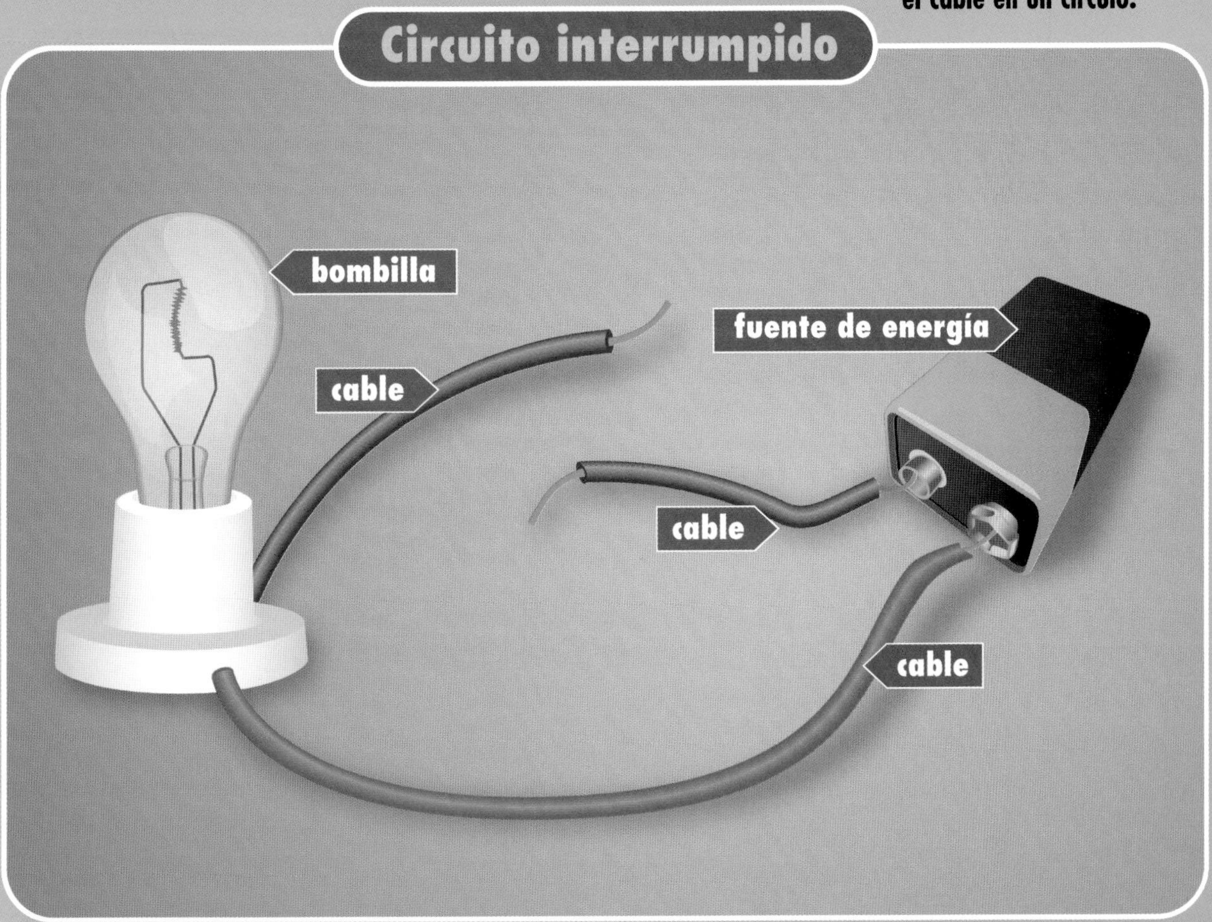

Conductores

La electricidad viaja con facilidad por un circuito. Sin embargo, la electricidad pasa más fácilmente por algunos materiales que por otros. Un **conductor** es un material por el que la electricidad pasa con facilidad. El metal es un buen conductor de electricidad. Por eso los cables están hechos de metal. Este material permite que los electrones se muevan de un átomo a otro con facilidad.

conductor – material por el que la electricidad pasa con facilidad

Metales conductores

El cobre es un metal que puede conducir electricidad a través de cables.

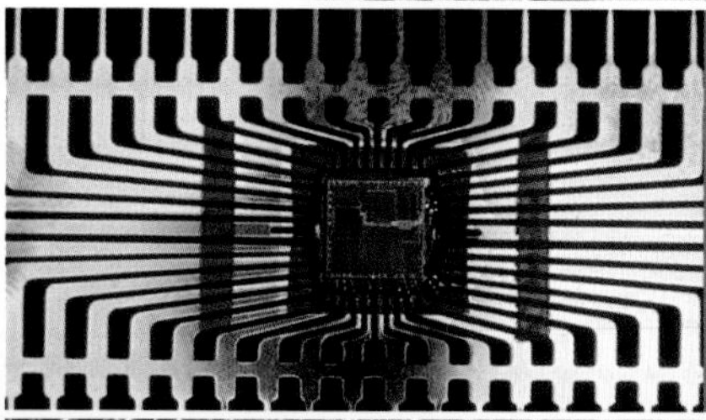

El oro es un metal que puede conducir electricidad en pequeñas piezas de computadoras.

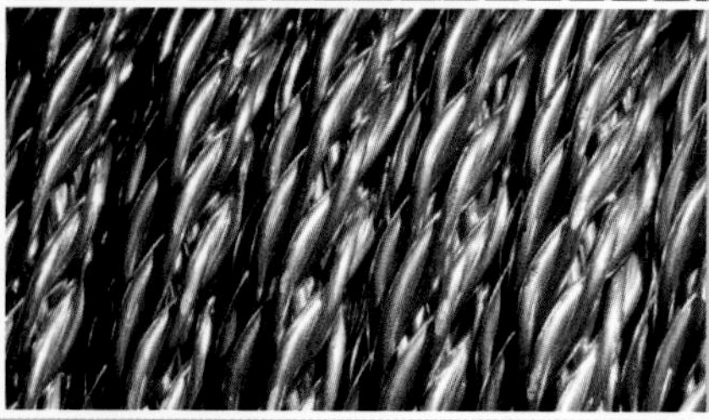

El aluminio es un metal que puede conducir electricidad a través de cables.

Aislantes

Algunos materiales no dejan pasar la electricidad. Se llaman **aislantes.** El plástico es un buen aislante. Por esa razón, los cables suelen recubrirse de plástico. Este material evita que la electricidad pase hacia las personas o los objetos que rocen los cables.

Aislantes y conductores nos permiten usar la electricidad de muchas maneras. Los conductores dejan que la electricidad pase por los cables y llegue a nuestros hogares. Los aislantes nos permiten usar la electricidad con seguridad. Independientemente de cómo la usemos, la electricidad proporciona energía a nuestras vidas.

¡Piénsenlo!

¿Cómo se mueve la electricidad en un circuito?

aislante – material por el que la electricidad no puede pasar con facilidad

Aislantes plásticos

Este cable de cobre está recubierto de plástico.

El cable de esta extensión está recubierto de plástico.

Esta batería de auto está recubierta de plástico.

2 De **cerca**

Luces de

Recapitular

Explicar para qué usamos la electricidad.

Establecer el propósito

Aprender cómo la electricidad ilumina una ciudad.

gran ciudad

En Times Square, la noche es casi tan clara como el día. Times Square está en la ciudad de Nueva York. En Times Square hay millones de luces de colores que funcionan con electricidad.

Las luces de Times Square

En Times Square ha habido luces desde hace más de cien años. La primera vez que se usaron luces eléctricas para iluminar la entrada de un teatro fue en 1891. Pronto, muchas más luces iluminaron la zona.

▼ **En la década de 1930, ya había muchas luces en Times Square.**

▼ **Las luces de la marquesina de este teatro anuncian el nombre del espectáculo.**

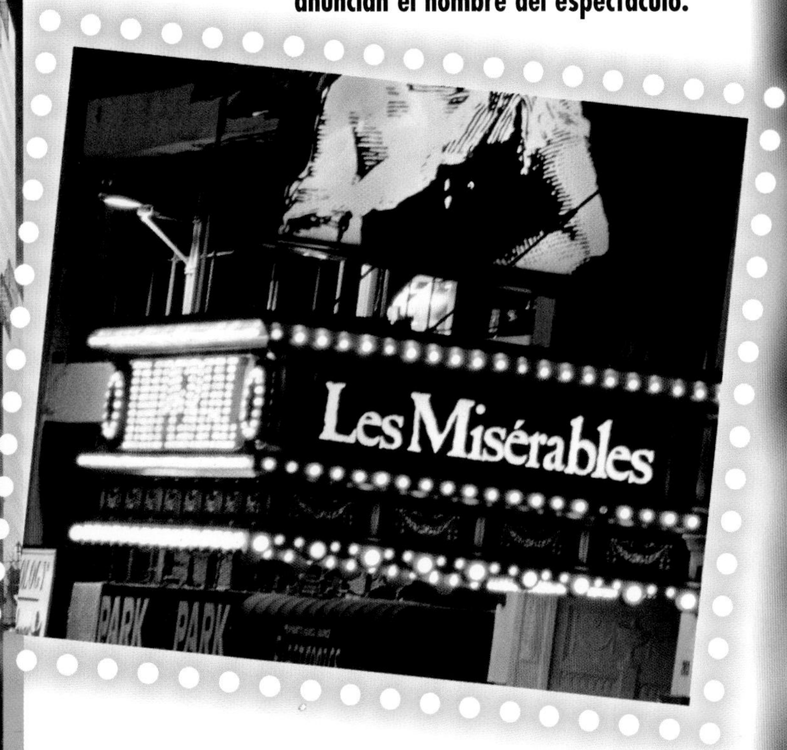

Luces en movimiento

En los teatros aún se usan brillantes luces. Éstas hacen resaltar en la noche los nombres de los artistas y los espectáculos.

Algunas de las luces de los teatros parecen moverse. En realidad, son parte de unos circuitos especiales en los que cada luz se enciende y se apaga con gran rapidez.

◀ **Las luces hacen de Times Square una zona llena de brillo y color.**

Luces de colores

Las luces de los teatros no son las únicas luces en Times Square. Allí hay vistosas luces de colores por todas partes.

Algunas luces de colores son en realidad letreros de **neón.** Estas luces están hechas de delgados tubos de vidrio. Los tubos se moldean para crear figuras y letras, y luego se llenan de gases.

La electricidad hace brillar los gases produciendo distintos colores. Hay letreros de neón rojos, naranja, azules, rosados y verdes.

neón – tipo de gas que se usa en algunos letreros eléctricos

▲ **En la entrada de muchas tiendas hay letreros de neón.**

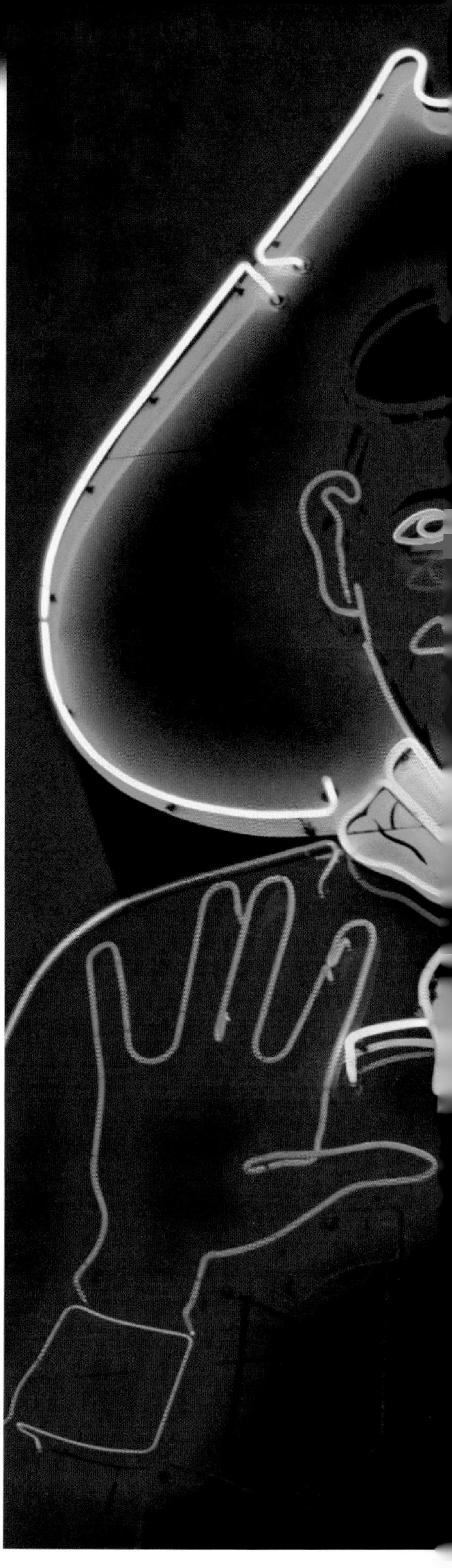

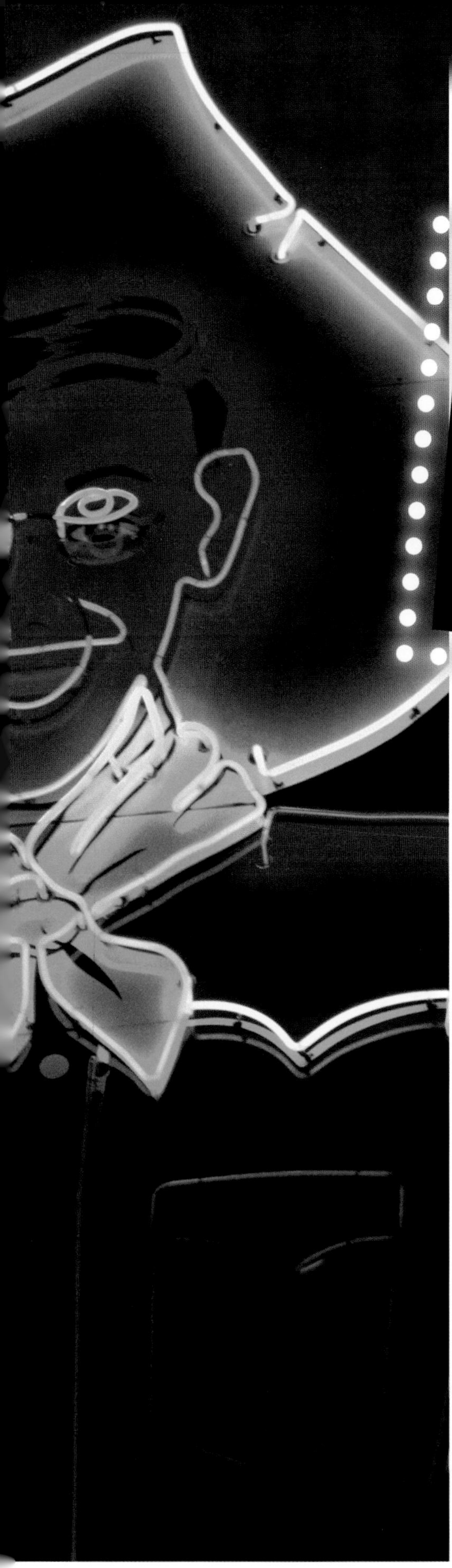

▼ **Distintos gases producen diferentes colores.**

Gases brillantes

¿Cómo se obtienen todos estos colores? El secreto está en los gases que hay dentro de los tubos. Cada gas produce un color diferente. El neón produce color rojo. Otro gas, el argón, produce un tono azul. La mezcla de gases puede producir más colores.

Los gases, sin embargo, sólo se iluminan cuando la electricidad pasa por el tubo. La electricidad hace saltar los electrones de los átomos del gas. Cuando vuelven a su lugar, los electrones producen un color brillante.

◀ **La electricidad hace brillar los gases de las luces de neón.**

Letreros gigantes

Los letreros de neón son muy vistosos. Pero en Times Square hay letreros aún más impresionantes. Algunos de los letreros más grandes del mundo se encuentran en este lugar. Estos letreros gigantes están iluminados por unas bombillas diminutas llamadas **LED,** que son las iniciales en inglés de "diodo emisor de luz".

Los LED se usan en letreros de muchos tipos. Por ejemplo, para formar los números de algunos marcadores. La electricidad pasa por los LED y éstos emiten luz.

LED (diodo emisor de luz) – tipo muy pequeño de bombilla que no se calienta y dura mucho tiempo

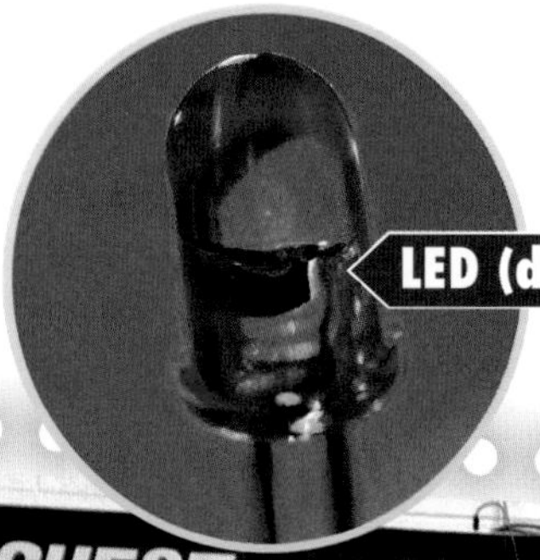

LED (diodo emisor de luz)

▲ **Marcador iluminado con luces LED**

▲ **Millones de luces iluminan Times Square.**

Millones de luces

El letrero de Nasdaq en Times Square es el letrero LED más grande del mundo. Tiene una altura de 120 pies. ¡Eso equivale a ocho pisos! Este letrero está formado por 18 millones de luces LED conectadas a millones de circuitos.

Los LED se encienden y apagan a gran velocidad para formar palabras e imágenes. Y lo mejor es que producen muchos colores diferentes. Además, este letrero gigante se puede ver prácticamente desde cualquier punto de Times Square.

¡Piénsenlo!

¿Cómo se usan los circuitos en Times Square?

◀ **El letrero de Nasdaq en Times Square usa luces LED para mostrar información.**

Recapitular

Explicar cómo se usa la electricidad para iluminar Times Square en la ciudad de Nueva York.

Establecer el propósito

Leer estos artículos para aprender más cosas sobre la electricidad.

CONEXIÓN: LO QUE APRENDIERON

La electricidad

Todos los días usamos electricidad. La electricidad hace funcionar diversas cosas, desde bombillas hasta televisores. Nuestra forma de vida depende, en gran medida, de la electricidad.

Éstas son algunas de las ideas que aprendieron sobre la electricidad.

- La electricidad estática es un tipo de electricidad en la que los electrones saltan de un lugar a otro.
- Los conductores dejan pasar la electricidad.
- La corriente eléctrica es un tipo de electricidad en la que los electrones fluyen continuamente de un átomo a otro.
- Los aislantes no dejan pasar la electricidad.

Comprobar lo que aprendieron

¿Qué pueden decir de la electricidad viendo estas fotografías?

▲ Este rayo es electricidad estática que salta desde una nube hasta el suelo.

▲ El cobre es un buen conductor de electricidad.

▲ La corriente eléctrica viaja a través de cables hasta nuestros hogares.

▲ El plástico es un buen aislante.

▲ La ciudad de Nueva York durante el apagón

Un gran apagón

El 14 de agosto de 2003, las luces de la ciudad de Nueva York comenzaron a parpadear. Minutos más tarde, la ciudad se quedó sin electricidad. Los trenes chirriaron hasta detenerse. Los elevadores se quedaron atascados entre los pisos de los edificios. Times Square se oscureció. Fue el peor apagón en la historia de Estados Unidos. Un apagón es una interrupción de la electricidad.

▲ La ciudad de Nueva York con electricidad

La ciudad de Nueva York no fue el único sitio que se quedó sin electricidad. El apagón afectó a muchos lugares del noreste de Estados Unidos. Hasta algunos lugares de Canadá se quedaron sin electricidad. En total, veintiuna centrales eléctricas se apagaron. Cincuenta millones de personas quedaron a oscuras.

Los chips de las computadoras

¿Alguna vez se han preguntado qué hace que una computadora funcione? La respuesta es los chips.

chip de una computadora

Los chips o microprocesadores son muy pequeños. La mayoría no mide más de una pulgada de largo. ¡Sin embargo, cada uno contiene miles de circuitos eléctricos que son más pequeños que un cabello humano! Aún así, los chips hacen posible que las computadoras realicen muchos trabajos complejos.

▲ **Las computadoras pueden hacer gran variedad de cosas gracias a los chips o microprocesadores.**

▲ Anguila eléctrica

Anguilas eléctricas

¿Puede un pez producir electricidad? Una anguila eléctrica sí puede. En su larga cola, este animal tiene un órgano especial capaz de producir electricidad. La anguila puede usar esta electricidad para conseguir alimento. Tras dar una pequeña descarga eléctrica a un pez, éste queda aturdido y la anguila aprovecha para comérselo.

La energía del viento

En un día ventoso, quizás piensen en hacer volar un papalote. Sin embargo, la energía del viento puede hacer mucho más. El ser humano ha encontrado la forma de usar la energía del viento para producir electricidad.

Las turbinas de viento usan la energía del viento para generar electricidad. En un día ventoso, el aire mueve las enormes palas. Éstas son las piezas grandes y planas de una turbina de viento. El giro de las palas genera electricidad, que luego se puede hacer llegar desde las turbinas hasta los hogares.

Turbinas de viento

Enfoque de palabras

En este libro se usan diferentes tipos de palabras. Aquí van a estudiar los antónimos. También estudiarán los homónimos.

Antónimos

Dos palabras son antónimos si tienen significados opuestos. Busquen abajo los antónimos. Luego, usen cada antónimo en su propia oración.

El cuarto está **iluminado.**

El cuarto está **oscuro.**

La central eléctrica es **grande.**

Un chip de computadora es **pequeño.**

Homónimos

Los homónimos son palabras que tienen más de un significado. Busquen abajo los homónimos. Luego, usen cada homónimo en su propia oración.

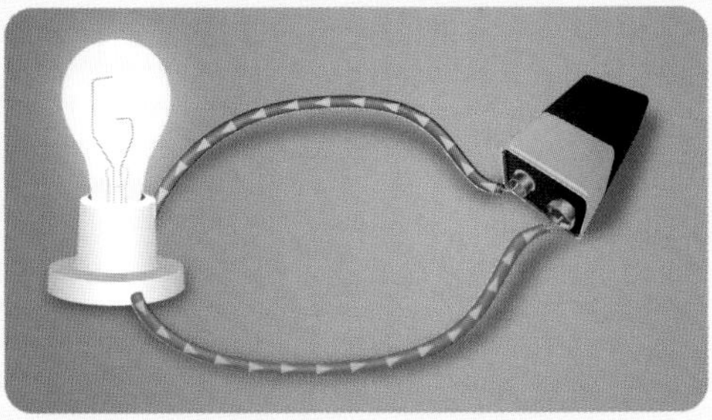

La **corriente** eléctrica fluye a través del cable.

Estoy al **corriente** de las noticias porque leo el periódico.

Pintó un **cuadro** muy realista de Times Square.

Pintó un **cuadro** de cada color.

El metal es un buen **conductor** de electricidad.

El **conductor** maneja el carro.

Investigar y escribir

Escribir sobre la electricidad

Hagan una investigación sobre conductores y aislantes. Averigüen qué objetos actúan como conductores y cuáles actúan como aislantes. Después, hagan una tabla mostrando lo que aprendieron.

Investigar

Busquen tres trozos de cable, cinta, una pila y una bombilla de linterna. Pídanle a un adulto que los ayude a hacer un circuito con los tres trozos de cable. Usen la cinta para conectar los cables a una pila y a una bombilla de linterna, como se muestra en la ilustración.

Leer y tomar notas

Prueben el circuito uniendo los dos extremos sueltos de los cables. La bombilla debería encenderse. Ahora, toquen otros objetos con los cables. Si la bombilla se enciende, el objeto es un conductor. De lo contrario, el objeto es un aislante. Prueben con un sujetapapeles de metal, una cuchara de madera, una percha de plástico y otros objetos.

Escribir

Hagan una tabla que muestre qué objetos condujeron electricidad y cuáles no lo hicieron.

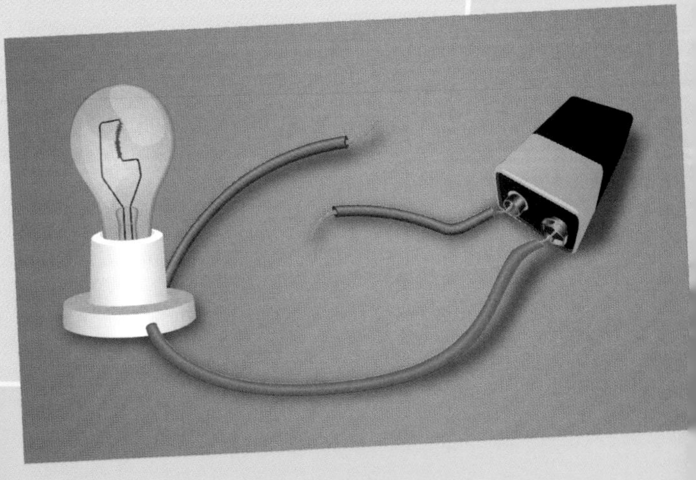

Leer y comparar

Más información sobre la electricidad

Busquen y lean otros libros sobre la electricidad. A medida que vayan leyendo, háganse las siguientes preguntas:

- ¿Qué es la electricidad?
- ¿Para qué usamos la electricidad?
- ¿Cómo estudian los científicos la electricidad y sus usos?

Libros para leer

▲ Conozcan las diferentes formas de energía.

▲ Conozcan qué es la luz y por qué los objetos tienen colores.

Glosario

CONCEPTO CLAVE

aislante (página 15)
Material por el que la electricidad no puede pasar con facilidad
El plástico es un buen aislante de la electricidad.

CONCEPTO CLAVE

átomo (página 7)
Partícula diminuta formada por un núcleo y electrones
Los átomos se componen de un núcleo y electrones.

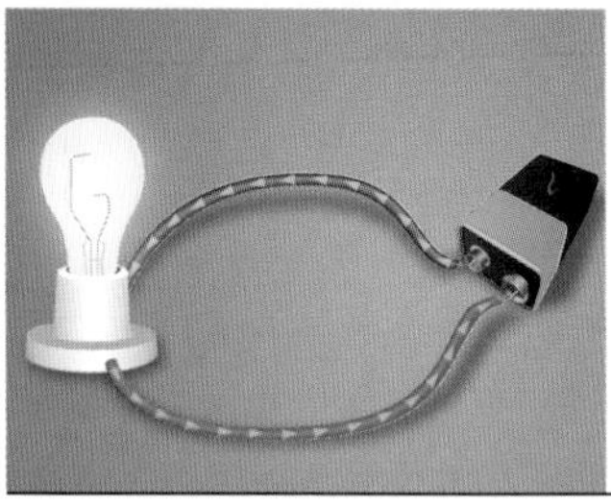

circuito (página 12)
Camino circular por el que fluye la electricidad
En este circuito, la electricidad enciende una bombilla.

conductor (página 14)
Material por el que la electricidad pasa con facilidad
El cobre es un buen conductor de la electricidad.

corriente eléctrica (página 9)
Flujo continuo de electrones que se mueven de un átomo a otro
La corriente eléctrica llega hasta los hogares a través de cables.

electricidad estática (página 8)
Forma de electricidad en la que los electrones saltan de un lugar a otro
Un rayo es un ejemplo de electricidad estática.

electrón (página 7)
Parte de un átomo que se mueve alrededor del núcleo
Los electrones se mueven alrededor del núcleo de un átomo.

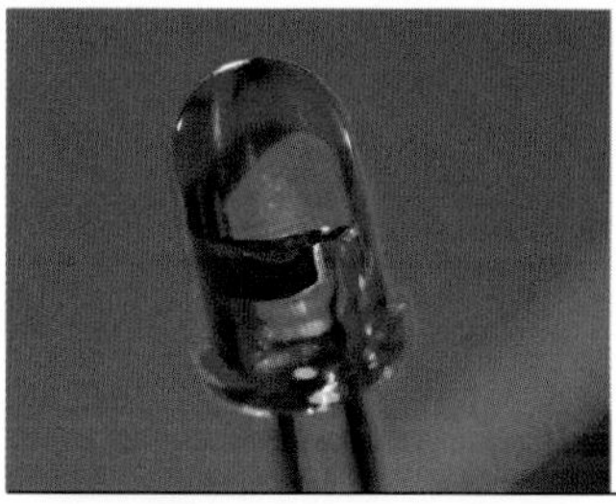

LED (diodo emisor de luz) (página 22)
Tipo muy pequeño de bombilla que no se calienta y dura mucho tiempo
Esta pequeña bombilla LED produce luz roja.

neón (página 20)
Tipo de gas que se usa en algunos letreros eléctricos
Las luces de neón brillan por la noche.

núcleo (página 7)
Centro de un átomo
El núcleo es el centro de este átomo.

Índice